AF461750

LES

VOITURES VERSEÉS,

OPÉRA COMIQUE.

CONRADIN ET FRÉDERIC, tragédie en cinq actes, par M. Liadières, capitaine du génie, et membre de la légion-d'honneur, représentée sur le second Théâtre Français. Prix : 2 fr. 50 c.

LES COMÉDIENS, comédie en cinq actes et en vers, précédée d'un Prologue en prose; par M. Casimir Delavigne; *troisième édition*. Prix : 2 fr. 50 c.

MARIE STUART, tragédie de M. Lebrun; *deuxième édition*. Prix : 3 fr.

LES VÊPRES SICILIENNES, tragédie en cinq actes, précédée d'un Discours d'ouverture du second Théâtre Français; par M. Casimir Delavigne; *troisième édition*. Prix : 2 fr. 50 c.; et 3 fr. franc de port.

L'HOMME POLI, ou la Fausse bienveillance, comédie en cinq actes et en vers, par M. Merville. Prix : 2 fr. 50 c.

CLOVIS, tragédie en cinq actes, précédée de considérations historiques, par M. L.-N. Lemercier, auteur d'*Agamemnon*. Prix : 2 fr. 50 c.

NOUS LE SOMMES TOUS, ou **L'ÉGOISME**, par Pigault-Lebrun. 2 vol. in-12. Prix : 5 fr.

OEUVRES complètes de l'Auteur, 69 vol. in-12, la plupart ayant des figures. Prix : 150 fr.

SOUS PRESSE DU MÊME AUTEUR,

L'OBSERVATEUR. 2 vol. in-12.

ALBERT, ou **LES AMANS MISSIONNAIRES**, par M. Victor Ducange, auteur d'Agathe ou le Petit Vieillard de Calais. 2 vol. in-12. Prix : 5 fr.

SAPHORINE ou **L'AVENTURIÈRE** du faubourg Saint-Antoine, par M. Merville, auteur de la Famille Glinet, des Deux Anglais et de l'Homme Poli. 2 vol. in-12. Prix : 5 fr.

LA JÉRUSALEM DÉLIVRÉE, traduite en vers français, par M. Baour Lormian. 3 vol. in-8. figures. Prix : 21 fr.; papier vélin, 42 fr.

CONSIDÉRATIONS SUR LA RÉVOLUTION FRANÇAISE par Madame de Staël; *troisième édition*. 3 vol. in-8°. Prix : 18 fr.

IMPRIMERIE DE FAIN, PLACE DE L'ODÉON.

LES

VOITURES VERSÉES,

OPÉRA COMIQUE EN DEUX ACTES;

PAR M. EM. DUPATY.

MUSIQUE DE M. BOYELDIEU.

REPRÉSENTÉ PAR LES COMÉDIENS DU ROI, SUR LE THÉATRE DE L'OPÉRA COMIQUE, LE 29 AVRIL 1820.

PRIX : 1 FR. 75 CENTIMES.

À PARIS,
CHEZ J.-N. BARBA, LIBRAIRE,
ÉDITEUR DES ŒUVRES DE PIGAULT-LEBRUN,
PALAIS-ROYAL, DERRIÈRE LE THÉATRE FRANÇAIS, N°. 51.
1820.

PERSONNAGES.		ACTEURS.
DORMEUIL.	MM.	MARTIN.
LE ROND.		CHENARD.
FLORVILLE.		PAUL.
ARMAND.		PONCHARD.
NICOLAS.		GRANGE.
TROIS VOYAGEURS. Un comédien.		FÉRÉOL.
TROIS VOYAGEURS. Un commis des droits réunis.		ALLAIRE.
TROIS VOYAGEURS. Un huissier.		LOUVET.
MADAME DE MELVAL.	Mmes.	LEMONNIER.
AURORE DE GLISSENVILLE.		DESBROSSE.
ÉLISE.		PALARD.
AGATHE.		LECLERC.
EUGÉNIE.		PONCHARD.

(La scène se passe dans un château aux environs d'Angers.)

La partition et les parties séparées se trouvent chez M. Boyeldieu, marchand de musique, rue de Richelieu, entre celles Feydeau et Saint-Marc.

LES

VOITURES VERSÉES,

OPÉRA-COMIQUE.

ACTE PREMIER.

(Le théâtre représente un salon.)

SCÈNE PREMIÈRE.

DORMEUIL, *assis près d'une table, lisant les journaux;* ARMAND, *de l'autre côté, tient un livre;* EUGÉNIE *dessine;* ÉLISE et AGATHE *brodent;* FLORVILLE *va de l'une à l'autre, et leur parle bas, en leur faisant la cour.*

SEXTUOR.

DORMEUIL.

Les belles choses que voilà !
On ne peut trop admirer tout cela,
Comme à Paris nos savans sont alertes !
Je suis surpris en vérité
De tant d'utiles découvertes
Qui nous illustreront dans la postérité.
(Il continue de lire.)

FLORVILLE, ARMAND, LES TROIS SOEURS, à part.

Il éprouve un plaisir incroyable
Quand il tient un journal de Paris.
A ses yeux rien de beau, rien d'aimable
S'il ne vient de ce { charmant / maudit } pays.

ARMAND.

Il s'agit, à coup sûr, de quelques bagatelles !

LES TROIS SOEURS.

Peut-être a-t-il paru quelques modes nouvelles !

FLORVILLE, à part.

J'aurai bientôt soumis le cœur de ces trois belles.

LES TROIS SOEURS.

Un Parisien doit être au fait :
Interrogeons Florville à ce sujet.

ÉLISE.

Dites-nous....

FLORVILLE.

Quoi ?.. l'excès de ma tendresse ?

AGATHE.

Non ; vous savez....

FLORVILLE.

Que vos yeux sont bien doux ?

EUGÉNIE.

Apprenez-moi....

FLORVILLE.

Que je suis dans l'ivresse ?

ÉLISE.

Je veux savoir....

FLORVILLE.

Que mon cœur est à vous ?

LES TROIS SOEURS.

Ah ! combien il est aimable !

FLORVILLE, tour à tour.

Combien vous êtes adorable !

ARMAND.

Ah ! quel fat insupportable !

DORMEUIL.

Pour le coup c'est incroyable !

LES TROIS SOEURS.

Dites-nous ce dont il s'agit.

DORMEUIL.

Ce serait trop long, je vous jure,
Tant on fait de progrès dans la littérature !
Tant nos artistes ont d'esprit !

TOUS.

Écoutons la nomenclature
De tous ces prodiges d'esprit.

DORMEUIL.

D'abord c'est la Lilliputienne,
Le gymnase de d'Amoro,
La diligence à la draisienne,
Le nouveau Pégase, Coco ;
Panorama, Cosmorama de Romo,
Le chien de Terre-Neuve, et le grand Munito
Qui, plus intelligent qu'un homme,
Gagne son maître au domino.

TOUS.

Ah ! l'on conçoit à peine, en lisant tout cela,
Comment l'esprit humain peut aller jusque-là.

DORMEUIL.

Pour l'homme qui sent l'avantage
Du beau style et du beau langage,
Il est vraiment dommage
De vivre loin de ce divin Paris.
N'êtes-vous pas de mon avis?

TOUS.

Nous sommes tous de votre avis.

DORMEUIL.

Rien n'est ailleurs aussi bien qu'à Paris.

TOUS.

Ah! le charmant pays!

ARMAND.

Il ne rêve qu'à son Paris!

(Dormeuil se remet à lire.)

FLORVILLE, à Elise.

Que ce travail est admirable!
De vos talens mon cœur est enchanté.

ÉLISE, se levant et saluant.

Ah! vous avez, monsieur, trop de bonté!

FLORVILLE, à Agathe.

Votre sourire est adorable,
(A Eugénie.)
Votre œil malin me charme, en vérité.

AGATHE et EUGÉNIE, saluant.

Ah! vous avez, monsieur, trop de bonté!

DORMEUIL, se levant, ainsi que ses nièces.

Écoutez, écoutez; c'est le journal des modes.

ARMAND, regardant Florville.

Quel fat! je le déteste, en vérité.

DORMEUIL lit.

En demi-botte on est botté;
Les pantalons étant commodes,
On les porte en société;
On voit des schalls au cou des petits maîtres;
Ils ont sur leur jabot dix chaînes en collier,
Et les dames portent des guêtres
Pour avoir l'air plus cavalier.
Dans leur corset, pour être plus à l'aise,
Leur taille s'allonge à l'anglaise;
On voit enfin, depuis l'été dernier,
Des chapeaux de paille..... en papier!

TOUS.

C'est un pays charmant
Vraiment! vraiment!
Pour l'air, le maintien, le langage,
Rien n'est aussi bien qu'à Paris.
Et pour un homme sage
Qui veut suivre l'usage,
Il est certes dommage
De vivre loin de ce divin pays.

DORMEUIL.

Ah çà, mon cher, mon aimable Florville, mon ami, mon cher ami, ne vous gênez pas. Après le déjeûner, liberté toute entière. Nous nous retirons pour nous occuper, chacun selon son goût, des sciences et des arts, ou d'autres choses. Je sais que vous aimez la chasse; en conséquence, mes chiens, mes lièvres et mon garde sont à votre disposition. Revenez de bonne heure; avant le dîner, nous aurons le billard, où je suis d'une certaine force, et ce soir la musique : je tiens le piano comme un professeur. Je vous attends ensuite à l'écarté, que vous distillez, dites-vous : c'est l'expression de Paris; nous verrons ça!

FLORVILLE.

Eh bien! monsieur, nous verrons. Oserai-je cependant vous demander si ma chaise est bientôt raccommodée?

DORMEUIL.

Non, mon ami, mon cher ami.

ÉLISE, à part.

Ah! tant mieux!

DORMEUIL.

J'ai le bonheur d'avoir ici des ouvriers très-habiles; mais, quand il y a de l'ouvrage pour deux jours, ils en mettent quinze, et je n'ai rien à dire, c'est comme à Paris.

FLORVILLE.

C'est que je crains d'abuser de l'obligeante hospitalité...

DORMEUIL.

Pas du tout, mon ami, pas du tout; plus vous resterez, plus vous me ferez plaisir, ainsi qu'à mes nièces..... Un Parisien! Comment donc! cent fois trop heureux, trop flatté! Demandez à Élise.

ÉLISE.

Oh! monsieur, certainement.....

ARMAND, *à part.*

La coquette!... comme elle le regarde!

FLORVILLE.

Adieu donc, monsieur.

DORMEUIL.

Adieu, mon ami, mon cher ami! amusez-vous, divertissez-vous, je vous en prie. Je ne suis jamais plus content que lorsqu'on s'amuse chez moi.

FLORVILLE, *à part, en sortant.*

M'amuser!... avec ces petites provinciales!

SCÈNE II.

LES MÊMES, *excepté* FLORVILLE.

LES TROIS SOEURS.

Il est charmant!

DORMEUIL, à Armand.

Il est charmant!

ARMAND, avec dépit.

Oui, charmant!

DORMEUIL.

Et je ferais raccommoder sa chaise?.... Je m'en garderai bien!... Allons, mesdemoiselles, allez-vous partager entre les arts et les soins du ménage; parce que, voyez-vous, les talens! il n'y a que ça.... c'est par eux que j'ai rendu mon château le Paris de l'Anjou..... (*à Armand.*) Pour vous, qui êtes un petit savant, voici ma bibliothéque. Méditez vos philosophes grecs, Horace et Virgile... Je ne les ouvre jamais, mais je les ai tous là, pour les amateurs. Moi, je vais achever mes journaux et parcourir mes lettres. Venez, mesdemoiselles.

(Il sort avec Agathe et Eugénie.)

SCÈNE III.

ÉLISE, ARMAND.

ARMAND.

De grâce, mademoiselle, veuillez demeurer un moment!

ÉLISE.

Monsieur, mon oncle m'a dit de le suivre: d'ailleurs, je vous ai déjà déclaré que je n'avais plus d'amour pour vous, ainsi laissez-moi.

ARMAND.

Eh bien! mademoiselle, comme vous voudrez! plus d'amour. Vous voulez vous en aller!

je vous laisse, c'est moi qui m'éloigne.... Mais, non, je reste, et je ne m'en irai que lorsque je saurai la cause d'un tel changement.

ÉLISE.

J'avais tort de vous aimer sans l'aveu de mon oncle.

ARMAND.

Ce n'est pas là votre raison, mademoiselle, vous en avez d'autres.

ÉLISE.

Eh bien! monsieur, ne m'aimez plus; imitez-moi.

ARMAND.

Oui, certes, je vous imiterai!.... Eh! quand je le voudrais, serait-il donc en mon pouvoir...

ÉLISE, s'en allant.

O ciel! je crois que j'entends mon oncle!

ARMAND.

Non, mademoiselle, c'est un prétexte; votre oncle ne vient pas.

ÉLISE.

Eh bien! monsieur, il peut venir; et je m'en vais.

(Elle sort.)

SCÈNE IV.

ARMAND, *seul.*

L'ingrate! l'infidèle! Comme elle n'est jamais sortie de son Anjou, la petite coquette est flattée de voir un jeune élégant lui faire la cour! Eh! qu'on vienne me répeter ensuite que les femmes sont inconstantes à Paris..... Je ne dis pas non, certainement....

COUPLETS.

Jeune beauté d'humeur légère
Change à Paris de sentiment
Par vanité, par caractère,
Ou par amour du changement;
Mais aujourd'hui je crois qu'en France,
Je crois même qu'en tous pays,
Les femmes, en fait de constance,
Sont presque toutes de Paris.

Loin de Paris prends une femme,
Vous diront les hommes prudens;
Là tu pourras fixer son âme
Sans redouter les accidens.
Mais consultons, partout en France,
Et les amans et les maris,
Leurs femmes, en fait de constance,
Sont presque toutes de Paris.

Que faire cependant? Que devenir? Sans fortune et rebuté par Élise, quelle protection aurai-je auprès de M. Dormeuil, homme à la vérité fort respectable et rempli d'obligeance, mais qui, par la manie la plus bizarre, met, au fond de l'Anjou, son orgueil et son amour-propre à n'aimer, ne chérir que les Parisiens? Oserai-je, à présent, lui faire l'aveu d'un sentiment qu'il ne peut approuver? Il revient déjà! Cachons-lui mes peines, et tâchons de les oublier, puisqu'elles sont à jamais sans espoir.

SCÈNE V.

ARMAND, DORMEUIL.

DORMEUIL, en dehors.

Servez le dîner comme à Paris ! l'heure de Paris ! le genre de Paris ! D'ailleurs, consultez à son retour M. de Florville.

ARMAND.

Paris! toujours Paris! on est quelquefois en province d'une extravagance!.....

DORMEUIL, entrant.

Vous voilà, mon jeune ami! je vous cherchais. Je n'avais pas ouvert tantôt toutes mes lettres, je viens vous apprendre une nouvelle qui va vous enchanter.

ARMAND.

Ah! monsieur, il n'en est qu'une qui pourrait à présent me plaire, et ce n'est pas vous qui me l'apporteriez.

DORMEUIL.

Et pourquoi donc pas! ai-je un visage de mauvais augure, monsieur!..... Sachez que j'ai toujours quelque chose de bon à dire; quant aux nouvelles, je ne dis jamais les mauvaises; et, lorsque j'en fais..... ce qui m'arrive quelquefois comme à Paris, je n'en fais que d'excellentes. Celle que je vous apporte vous charmera. Quoique provincial, vous aimez les jolies femmes, n'est-ce pas?

ARMAND.

Mais c'est assez le goût de tout le monde.

DORMEUIL.

Le mien, surtout; et je viens vous annoncer

l'arrivée presqu'inattendue de la jeune et jolie Parisienne, madame de Melval.

ARMAND.

Il se pourrait! (*à part.*) Quel bonheur!

DORMEUIL.

Avant son veuvage je la vis souvent à Angers, chez feu votre père, son excellent tuteur; elle revient en ce pays pour affaires, et me fait l'honneur de s'arrêter quelques jours à Dormeuil. Eh! bien, vous me paraissez ravi.

ARMAND.

Ah! monsieur, c'est une femme si intéressante!

DORMEUIL.

Et que vous aimez beaucoup à ce que je vois?

ARMAND.

Et qui ne l'aimerait? elle unit à la gaieté la plus vive une délicatesse parfaite de sentiment et d'expressions. C'est une étourdie remplie de raison, aussi bonne que spirituelle, aussi sage qu'enjouée; dans le monde, il est beaucoup de jeunes femmes que l'on croit folles et qui ressemblent à ce portrait.

DORMEUIL, lui frappant sur l'épaule.

C'est bon!.... c'est bon!.... j'y vois clair.... il ne me faut qu'une minute.

ARMAND, à part.

Et depuis huit jours il ne s'aperçoit pas que j'adore sa nièce!

DORMEUIL.

Au reste, si vous avez vos raisons pour être enchanté de son arrivée, je n'en suis pas moins satisfait. Tout mon bonheur est de recevoir des

Parisiens : ils m'instruisent des changemens dans la politique et dans les mœurs. Je m'y conforme aussitôt. Trois jours après l'explosion j'avais le Bolivar; en un mot je fais de mon château une école pour toute la province. On sait d'ailleurs que je réunis ici tous les plaisirs, et qu'on y voit la meilleure société..... Grâce aux Parisiens qui me font l'amitié de verser au bout de mon parc.

ARMAND.

Comment? grâce à ceux qui versent?

DORMEUIL.

Oui, mon ami, mon jeune ami; depuis peu de jours que j'ai le bonheur de vous posséder, vous ne savez pas encore cela. J'ai l'avantage d'avoir, ici près, le chemin le plus diabolique; et ce n'est pas un des moindres agrémens de ma terre. M. le préfet me rend le service de ne pas le faire raccommoder, c'est tout simple, il n'y passe jamais. Presque tous les jours il me verse là quelques voitures. Le mois dernier, trois diligences, deux jumelles et deux vélocifères. J'offre mes secours aux voyageurs. On verse dans le sable; jamais de blessés : des contusions seulement, quelques côtes enfoncées, des riens..... J'en ai le plus grand soin et cela me fait la société la plus agréable.

ARMAND.

Charmante manière de s'en procurer!

DORMEUIL.

Charmante! on passe, on culbute; il faut qu'on se repose ou qu'on se guérisse; qu'on raccommode les voitures. Vous savez que je fais les honneurs d'une certaine manière! J'ai le meilleur cœur! les meilleurs lits! la meilleure table! On danse; on chante, on fait de la musique, et souvent les plus pressés même finissent par ne plus songer à s'en aller.

ARMAND.

C'est fort bien! mais il doit vous arriver des gens....

DORMEUIL.

J'ai là-dessus le bonheur le plus extraordinaire.

AIR:

Apollon toujours préside
Au choix de mes voyageurs.
Jamais les jardins d'Armide
N'ont vu de tels enchanteurs.
J'ai reçu dans ma retraite
Trois académiciens.
Un jour me tombe un poëte,
Un jour, des musiciens;
L'un excelle sur la flûte,
Et, par un touchant bémol,
Dans une brillante lutte
Est l'égal du rossignol.
Tantôt j'ai la clarinette,
Le basson, ou le hautbois;
J'eus même un jour la trompette....
Quel concert! quel jour de fête!
Quand tout çà verse à la fois!....
Est-il chemin plus commode?
Et sent-on quel bonheur j'ai
Quand nos acteurs à la mode
Prennent un petit congé?
Si le ciel m'est favorable,
J'espère au premier moment
Voir l'actrice incomparable
Qu'on nomma le diamant.
L'an dernier, quelle victoire!
J'eus le moderne le Kain;

Ferme au sentier de la gloire,
Il versa dans mon chemin.
Il nous a joué Thieste,
Il nous déclama Néron,
Et dans les fureurs d'Oreste.
Fit frémir tout le canton.
Des serpens de la furie
J'entendais le sifflement!
J'ai tantôt la tragédie,
Tantôt Potier, c'est charmant!
Apollon, etc., etc.

Tantôt j'ai la clarinette,
Le basson, ou le hautbois;
J'eus même un jour la trompette....
Quel concert! quel jour de fête!
Quand tout ça verse à la fois!

ARMAND.

C'est fort agréable pour les artistes qui versent!

DORMEUIL.

Très-agréable, même pour eux. Je n'ai qu'un regret; j'aime tant la musique italienne; quel dommage que l'Opéra-Buffa ne voyage pas! Ça viendra peut-être.

ARMAND.

C'est donc ainsi que vous est arrivé M. de Florville?

DORMEUIL.

Oui, mon jeune ami. Un beau soir je trouve sa chaise dans le fossé. Je la voyais venir de loin. J'arrive au secours et j'aide à tirer de la voiture un élégant du dernier genre. Pas une égratignure. Il se nomme, je connais son nom, sa famille; il revenait de faire à Nantes un voyage d'agrément.

ARMAND.

Comment cela ?

DORMEUIL.

Oui, de toucher une succession. Vous sentez que je l'accueille avec tous les égards que méritent un Parisien, son accident, son héritage !... et je l'amène au château de Dormeuil, où j'espère bien le garder long-temps, si je ne l'y fixe pas.

ARMAND, *vivement.*

Eh quoi ! monsieur, votre intention est donc.... de lui donner votre nièce ?

DORMEUIL.

O ciel ! mon ami, mon jeune ami,... je n'y songeais pas !.... vous avez raison... Quel trait de lumière !

ARMAND.

Grand dieu ! qu'ai je fait !

DORMEUIL.

Que je vous embrasse. Et qu'on dise que ces provinciaux n'ont pas des idées... Mon ami, mon excellent ami !

ARMAND.

Monsieur, je ne dis pas....

DORMEUIL.

Pardonnez-moi ; ma nièce épouse un homme charmant, et moi je fixe un Parisien qui doublera l'agrément de ma terre. Sans vous, je le laissais partir ; oui, sans vous, sans vous ! Je reconnais là votre esprit, votre amitié.... Que je vous embrasse encore !

ARMAND.

Mais, mademoiselle votre nièce n'a peut-être pas pour lui des sentimens....

DORMEUIL.

Au contraire, j'ai déjà remarqué des mots... des regards...

ARMAND.

Mais, monsieur, pourquoi donc cette prédilection pour tout ce qui vient de Paris ? car en vérité !....

DORMEUIL.

Comment donc ! Paris n'est-il pas le bureau des beaux-arts, le pays des merveilles, le centre de tout ?..... excepté de l'Anjou, malheureusement....

ARMAND.

Croyez-vous que les gens de province n'aient pas aussi leur mérite ?..

DORMEUIL.

Oui ; ce sont d'assez bonnes gens; mais ils n'ont pas ce je ne sais quoi !...

ARMAND.

Croyez-vous qu'on ne sache pas aimer en province comme à Paris ?

DORMEUIL.

Oui ; mais on n'a pas cette fleur de galanterie...

ARMAND.

Et qu'enfin les maris ne soient pas en province...

DORMEUIL.

Pardonnez-moi ; mais sur mille autres points, quelle différence ! Ah ! si vous aviez fait, comme moi, deux voyages dans cette ville unique. Amateur comme je le suis, pourquoi des intérêts puissans m'ont-ils éloigné... Mais je m'en dédommage autant que je puis... grâce à mon chemin. Outre madame de Melval, j'attends encore aujourd'hui quelques aimables habitans de cette capitale.

ARMAND.

Qui donc, monsieur?

DORMEUIL.

Je n'en sais rien, mais la diligence doit passer sur les cinq heures, et je me flatte....

ARMAND.

O mon Dieu! et moi qui n'y pensais pas! si madame de Melval va verser dans votre maudit chemin!

DORMEUIL.

Rassurez-vous; si elle dépassait mon avenue, je ne dis pas....; mais elle n'ira pas jusqu'au bon endroit.

ARMAND, à part.

Il appelle cela le bon endroit!

SCÈNE VI.

LES MÊMES, ÉLISE.

ÉLISE.

Mon oncle, tout est disposé pour recevoir madame de Melval. Tout le village est déjà dans les cours, les filles avec des bouquets, les garçons avec des fusils!

DORMEUIL.

Quelle réception je lui prépare! En attendant, approche, mon enfant, et dis-nous un peu ce que tu penses de M. de Florville... l'aimes-tu?...

ÉLISE.

Mais, mon oncle, vous savez qu'on nous défend toujours de dire là-dessus ce que nous pensons.

DORMEUIL.

C'est bon dans nos petits usages. Dis-moi comment tu le trouves... charmant ! n'est-ce pas?

ÉLISE.

Mais, mon oncle!...

DORMEUIL.

Vous l'entendez, mon ami, je ne le lui fais pas dire.

ARMAND.

Mais, monsieur, elle n'a rien dit.

DORMEUIL.

Non, mais ça s'entend.... N'est-il pas vrai que tu ne demandes pas mieux que de l'épouser?

ÉLISE.

Mon oncle!..

DORMEUIL.

Est-ce clair? Je l'avais deviné!... C'est l'avis d'Armand, c'est lui qui m'a donné l'idée de ce mariage : remercie-le.

ÉLISE.

Quoi! c'est lui qui....

DORMEUIL.

Sans doute. C'est le plus aimable jeune homme....

ÉLISE, *piquée.*

Alors, je ne puis qu'être enchantée!

DORMEUIL.

Parle donc! Elle est enchantée! vous le voyez. J'en était sûr.

ARMAND, à part.

J'étouffe!

ÉLISE, à part.

Ah! comme j'ai bien fait de cesser de l'aimer!..

(On entend plusieurs coups de fouet dans la coulisse.)

SCÈNE VII.

LES MÊMES, EUGÉNIE, AGATHE.

DORMEUIL.

Qu'entends-je? c'est notre Parisienne. Mademoiselle, à votre toilette; et moi, je vais la recevoir à la tête de toute ma maison.

(Il sort.)

ÉLISE, montant sur un fauteuil près de la fenêtre.

Elle descend de voiture. Ah! qu'elle est bien! que de cartons! quelle élégance! Tous les garçons se rangent sur le perron. Mon oncle donne le signal.

(Coups de fusils.)

ARMAND.

Eh bien! qu'est-ce que c'est? il la fait recevoir à coups de fusils!

ÉLISE, descendant de dessus le fauteuil.

Allons nous parer de notre mieux. Quel dommage que M. de Florville ne soit pas là pour nous donner ses avis.

(Elle sort.)

SCÈNE VIII.

ARMAND, *seul.*

Je n'y tiens plus! Je suis outré, furieux! mais voici madame de Melval; confions-lui mes chagrins, prenons patience, et mettons tout mon espoir dans ses conseils et dans son amitié.

SCÈNE IX.

NICOLAS, CHOEUR, ARMAND, DORMEUIL, Mme. DE MELVAL.

CHOEUR.

Recevez notre hommage,
Acceptez tous nos vœux;
Puissions-nous, au passage,
Vous fixer en ces lieux!

DORMEUIL, *entrant, à Mme. de Melval.*

Oui, puissé-je, au passage,
Vous fixer en ces lieux!

Mme. MELVAL, *s'asseyant.*

Mon amitié vous est connue;
Et, sans vous voir, vous embrasser,
Je n'aurais pas voulu passer.

DORMEUIL, *à part.*

Oh! vous seriez toujours venue.

CHOEUR, *présentant des bouquets.*

Ah, quel honneur!
Ah, quel bonheur!
Recevez notre hommage, etc., etc.

Mme. DE MELVAL, donnant les bouquets à Armand, qui les place dans un vase près de lui.

Combien je suis sensible.... — Mais d'honneur vous m'avez fait une frayeur avec vos coups de fusils!...

DORMEUIL.

Vous en auriez eu bien davantage!... mais nous n'avons pas eu le temps. Voilà donc comme on porte aujourd'hui les chapeaux? Charmant! charmant! charmant!.. Mais je vous renouvelle toutes mes excuses. On vous a fait arriver par le chemin latéral, et j'avais ordonné qu'on ouvrît la barrière de l'avenue, l'entrée la plus magnifique, à l'instar de l'Étoile et de Saint-Cloud.

Mme. DE MELVAL, se levant.

Eh! mon ami, tous les chemins ne sont-ils pas bons, quand on va voir les gens qu'on aime?

DORMEUIL.

Trop de bonté! c'est que nous avons ici chemin et chemin. (*A part.*) D'honneur, j'aurais eu tort de laisser verser cette femme-là. (*Haut.*) Mille pardons. Approche, Nicolas; depuis huit jours pas un grain de pluie. Fais remplir mon grand réservoir, et que l'on mette à sec tous les puits des basses cours!..... voilà le cas d'essayer mes jets d'eau, mes cascades et ma rivière.....

Mme. DE MELVAL.

Bah! vous avez des cascades?

DORMEUIL.

Qui n'ont pas encore servi. Vous verrez mon parc anglais; vous vous croirez à Tivoli même. Il ne manque à ma rivière que de l'eau; mais j'ai déjà le pont, et nous aurons incessamment la pompe à feu.

ARMAND.

Comme à Paris!

DORMEUIL.

Non, monsieur, comme à Chaillot : vous ne connaissez pas ça. (*A part.*) Ces provinciaux!....

Mme. DE MELVAL.

C'est admirable!

DORMEUIL.

Pendant que notre ami commun va vous tenir compagnie, je cours faire préparer votre appartement. (*A ses gens.*) Qu'on ouvre l'orangerie, la serre..... et dès ce soir la société la mieux choisie, le juge-de-paix, le directeur des contribution, deux hommes charmans, qui n'ont jamais quitté la province, à la vérité, mais qui connaissent parfaitement la capitale par mes récits, le grand plan de ma salle à manger, le tableau de Mercier, le panorama portatif, et qui lisent tous les jours le Journal des modes pour la littérature, et le feuilleton pour la politique.

Mme. DE MELVAL.

Preuve de discernement!.....

DORMEUIL.

C'est qu'en Anjou nous avons des gens! nous possédons de plus, en ce moment, un jeune Parisien!.... A propos, que dit-on de nouveau dans le monde littéraire? Avance-t-on la Bourse, la fontaine de l'Éléphant? Nous en reparlerons... au reste, ordonnez, commandez, vous êtes chez vous. Les femmes font ici tout ce qu'elles veulent, comme à Paris..... Vous permettez? (*il lui baise la main.)* Je suis à vous dans un instant. Suivez-moi tous.

(Ils sortent.)

SCÈNE X.

Mme. DE MELVAL, ARMAND.

Mme. DE MELVAL.

Ce bon M. Dormeuil! toujours enthousiaste des merveilles de la capitale! Eh bien! mon cher Armand, vous devinez sans doute les motifs de mon voyage en Anjou?

ARMAND.

M. Dormeuil m'a dit que des affaires importantes.....

Mme. DE MELVAL.

Ingrat! c'est exprès pour vous que je viens ici.

ARMAND.

Pour moi!

Mme. DE MELVAL.

Vous m'écrivez, il y a huit jours, que vous adorez la fille de M. Dormeuil, qu'elle vous aime, et que vous n'oserez jamais demander sa main, à cause de la médiocrité de vos biens : petite fortune et beaucoup d'amour! c'est l'usage. Mais, votre père fut mon tuteur, il m'a rendu de grands services. La meilleure manière de s'acquitter envers un père, c'est de travailler au bonheur de son fils. Les femmes, je ne dis pas moi, font cent coups de tête par amour ; par amitié, j'en ai voulu faire un, et, subitement, j'abandonne Paris, les fêtes, les adorateurs : j'en avais de charmans, que je désolais! Quel sacrifice! en un mot, je viens en poste, jour et nuit, pour tâcher de décider M. Dormeuil à vous donner la main d'Élise. Votre père était riche! La fortune vous a maltraité! c'est une inconstante : on dit depuis long-temps qu'elle est femme, et je veux réparer, si je le puis, les torts de mon sexe envers vous.

ARMAND.

Je vous reconnais à ce langage; mais ce n'est pas seulement de la part de M. Dormeuil que je crains des obstacles..... cet oncle que j'ai à Paris, me presse depuis deux mois de le rejoindre. Amoureux dans ce pays, je n'ai pu me résoudre même à lui répondre; et par sa dernière lettre, qu'il m'adresse à Angers, où il me croit, il me menace de me déshériter.

Mme. DE MELVAL.

N'est-ce que cela! soyez tranquille, nous arrangerons tout? Parlons maintenant de votre bonheur, de votre amour. Eh bien, mon cher, on vous adore donc?

ARMAND.

Eh! madame, au contraire, on ne m'aime plus!

Mme. DE MERVAL.

Comment? le temps d'accourir en poste, et c'est déjà fini; mais à Paris ça ne se passe pas plus vite.

ARMAND.

Je crois qu'elle aime à présent ce maudit Parisien dont vous parlait M. Dormeuil, et qui, pour mon malheur, s'est avisé de verser, il y a quelques jours, au bout de l'avenue.

Mme. DE MELVAL.

Joli début pour venir s'emparer d'un cœur !

ARMAND.

C'est un fat si dangereux ! Il ne manque pas d'un certain esprit, et possède à fond le jargon brillant et flatteur de la galanterie. Indifférent sur les louanges des hommes, il ne recherche que le suffrage des femmes. En un mot, c'est ce que vous appelez, dit-on, un merveilleux ; il a tourné la tête à l'oncle, il a tourné la tête aux nièces, et je crains bien qu'il ne finisse par vous la faire tourner aussi.

Mme. DE MELVAL.

Rassurez-vous ; près d'une femme sensée ces merveilleux-là ne sont pas ceux qui réussissent. Il vous a ravi le cœur d'Élise, il faut en faire une seconde fois la conquête. Allons, enfant, du courage !... Ah ! monsieur le séducteur ! vous attaquer à nous autres femmes qui savons nous défendre, quand nous le voulons, c'est dans l'ordre ! c'est juste ! c'est bien ! mais chercher à séduire une ingénue qui ne connaît ni la valeur de vos discours, ni le prix de vos aveux !.... Soyez tranquille, mon ami, je suis venue pour vous marier ; je veux qu'on vous aime, on vous aimera. Dites-moi, d'abord, là bien franchement, me croyez-vous capable de tourner une tête en peu d'instans ?

ARMAND.

On doit vous avoir dit là-dessus. ....

Mme. DE MELVAL.

Oui, mais les intéressés sont toujours flatteurs !...

ARMAND.

Soyez sûre....

Mme. DE MELVAL.

Eh bien, tant mieux ! Je cède à mon double penchant, à la malice, à l'amitié. Je vais être aujourd'hui, pour vous obliger, d'une coquetterie.... Jamais je ne me suis senti moins de pitié pour un amant; car votre rival m'adorera, je vous en avertis. Quelle occasion de se moquer d'un fat en faisant un heureux ! Chargez-vous seulement de piquer son amour-propre. Tâchez de me louer un peu devant lui; le pourrez-vous? Laissez-moi faire ensuite. Courez voir si mon appartement est prêt, que mes femmes s'y rendent ... Il nous faut une conquête en règle, et je ne dois rien négliger.

ARMAND.

Je vous laisse et vais savoir en même temps si notre M. de Florville est rentré de la chasse.

(Il sort.)

SCÈNE XI.

Mme. DE MELVAL, *seule.*

Florville, dit-il ! Quoi, ce serait là ce jeune présomptueux qui, plus d'une fois, a cherché à m'adresser des hommages que j'ai toujours évités. J'ai deux ou trois de mes amies intimes à venger de ses perfidies. Voilà qui devient une affaire générale !.... Déployons gaîment tous les ressorts de la malice la plus féminine. Ah ! comme elle va bien me servir ma petite coquetterie naturelle ! Voyons cependant que me dira-t-il ? et que lui répondrai-je ?

AIR :

Essayons, s'il se peut, de parler son langage ;
Je connais les discours qu'ils mettent en usage.
Préparons-nous d'avance à ce doux entretien,
Et jouons à la fois et son rôle et le mien.
— Prenez pitié, madame,
Du trouble de mon âme ;
Je brûle d'une flamme
Dont vous seule causez l'ardeur.
— Pour mieux cacher ma ruse,
Feignant d'être confuse,
D'abord je me refuse
A croire ce discours flatteur ;
Et, puis en minaudant, je dis avec douceur :
— Un langage aussi tendre
A droit de me surprendre,
Et je dois me défendre
De son charme trompeur.
— Cédez ! — Non ! Vain langage !
— Cédez à mon ardeur.
— Non, non, pur badinage !
— Quittez ce ton railleur.
Ah ! plaignez mon martyre.
Voulez-vous que j'expire
Et de regrets et de douleur.
— Quoi, vous m'aimez bien tendrement !
Vous le jurez !.... — J'en fais serment.

Eh ! quoi, monsieur, vous en faites serment ? — Ah, madame ! je vous donne ma parole d'honneur ! — Vraiment, monsieur ! votre parole d'honneur ! Je sens alors qu'il est impossible......

— Eh ! non, non, non, non, je ne puis vous croire ;
Gardez, gardez votre cœur,
Je n'aspire qu'à la gloire
De rire de votre ardeur.

SCÈNE XII.

Mme. DE MELVAL, ARMAND.

ARMAND.

Voici M. de Florville ! Il revient de la chasse : vous pouvez entrer par ici dans votre appartement.

Mme. DE MELVAL.

Restez pour le préparer à notre entrevue.

(Elle sort à droite.)

SCÈNE XIII.

FLORVILLE, ARMAND.

FLORVILLE, posant, en entrant, son fusil.

C'est singulier, nos jeunes personnes ne sont pas là, comme de coutume, pour me recevoir. (*A Armand.*) Ah ! pardon, je ne vous voyais pas. Eh bien ! mon cher, vous n'avez donc pas été tenté de me suivre à la chasse ?

ARMAND.

J'ai préféré....

FLORVILLE.

Oui, j'entends.... et vous avez sans doute bien avancé vos affaires pendant mon absence ? Savez-vous qu'elle n'est pas trop mal, cette petite Élise, votre passion ? Je crois qu'il ne serait pas facile de vous l'enlever. Et vous l'aimez toujours beaucoup, à ce qu'il paraît ?...

ARMAND.

Je ne rends compte de mes sentimens à personne.

FLORVILLE.

Vous avez tort; moi, je dis les miens à tout le monde.

ARMAND.

Changeons de conversation.

FLORVILLE.

Comment! On vous fâche en vous parlant de votre maîtresse! On m'a toujours enchanté, quand on a bien voulu me parler des miennes.

ARMAND.

Au peu d'empressement que vous mettez à changer de costume, il me semble que vous ignorez qu'il vient de vous arriver une femme charmante, une femme de Paris.

FLORVILLE.

En vérité! Mais c'est un miracle! une bonne fortune! et sans doute elle est....

ARMAND.

Jeune, jolie, pleine de talens et d'esprit; elle donne partout le ton, fixe sur ses pas mille adorateurs, et cependant elle est d'une sagesse.....

FLORVILLE.

Vous la nommez?....

ARMAND.

Madame de Melval.

FLORVILLE.

Comment donc! Je l'ai souvent aperçue dans

nos cercles; on la cite comme un de ces phénomènes.....

ARMAND.

Oh ! quant à celle-là, je défierais bien l'art du plus adroit séducteur de la faire chanceler....

FLORVILLE.

Le plus adroit séducteur ! Mais je crois que vous me défiez ?

ARMAND.

Eh ! mais tout comme un autre.

FLORVILLE.

Je ne suis pas avantageux, depuis long-temps je cherchais l'occasion de lui faire ma cour ; et si vous voulez parier qu'avant ce soir j'obtiens un aveu de sa part....

ARMAND.

Je vous crois fort habile, mais vous me permettrez de douter.

FLORVILLE.

Eh bien, nous verrons.

SCÈNE XIV.

LES MÊMES, LES TROIS SOEURS.

ÉLISE.

Ah ! vous voilà donc de retour, monsieur !

FLORVILLE.

Bonjour, mesdemoiselles. (*A Elise.*) Toujours jolie ! (*A Agathe.*) Je n'ai pensé qu'à vous pendant la chasse. (*A Eugénie.*) Que j'ai de plaisir à vous revoir ! (*A part.*) Comme elles se sont parées pour moi !

LES TROIS SOEURS.

Nous trouvez-vous bien ?

FLORVILLE, à part.

La mode de trois ans! (*Haut.*) Vous êtes charmantes! (*A part.*) Elles sont d'une gaucherie.....

LES TROIS SOEURS.

Qu'il est aimable !

FLORVILLE.

Ainsi, vous me défiez donc?

ARMAND.

Tout-à-fait.

FLORVILLE.

Allons, l'habit le plus recherché, la tournure la plus à la mode!

LES TROIS SOEURS.

Eh quoi! monsieur, vous partez déjà?

FLORVILLE

Puis-je rester devant vous mis de la sorte. (*A Élise.*) Je reviendrai bientôt. (*A Agathe.*) Je vous adore! (*A Eugénie.*) Votre robe est délicieuse! Adieu, mesdemoiselles.

(Il sort.)

ÉLISE.

Comme M. de Florville est maussade aujourd'hui!... Monsieur, pourriez-vous m'expliquer...

ARMAND.

Mille pardons, mademoiselle, j'avais tort de vous aimer. Vous allez vous marier, et je ne dois plus me permettre de causer avec vous.

ÉLISE.

Allons; voilà qu'ils ne m'écoutent plus ni l'un ni l'autre!

SCÈNE XV.

Les mêmes, DORMEUIL.

DORMEUIL.

Grande nouvelle, mon ami, grande nouvelle et surcroît de bonheur!

TOUS.

Qu'est-ce donc?

DORMEUIL.

J'avais besoin de monde pour la fête que je prépare à madame de Melval; la diligence de Paris vient d'arriver à sa destination.

TOUS.

Elle a versé!

DORMEUIL.

Très-heureusement! Personne de blessé, par conséquent on peut en rire. J'ai vu de loin sortir les voyageurs un à un, du côté du ciel. Mesdemoiselles, envoyez mes gens au-devant d'eux, et qu'on leur offre de ma part l'hospitalité.

ÉLISE.

Oui, mon oncle.

AGATHE, à Eugénie

S'il arrivait encore quelque aimable jeune homme!

EUGÉNIE, à Agathe.

Ce serait charmant!

DORMEUIL.

Allez donc, mesdemoiselles, allez donc.

SCÈNE XVI.

DORMEUIL, ARMAND.

DORMEUIL.

Mon ami, tout s'arrange au gré de mes vœux ! mais ce n'est pas assez de m'avoir donné l'idée de marier ma nièce à M. de Florville ; vous sentez que je ne puis pas convenablement la lui proposer moi-même. Il faut que vous, qui êtes l'ami commun....

ARMAND.

Moi, monsieur, pas du tout....

DORMEUIL.

Si fait. Vous pouvez lui faire naître, comme à moi, l'heureuse idée.... vous concevez.... rôle charmant ! rôle d'ami.... de véritable ami !...

ARMAND.

Il est en effet très-flatteur !

DORMEUIL.

N'est-ce pas ? Offrez-lui le tableau des grâces de ma nièce ; ma terre en perspective, dans l'avenir.... Trois cent mille francs de dot, sur le premier plan... Heim !... Croyez-vous que les trois cent mille francs...

ARMAND.

Eh ! monsieur, la main seule de votre nièce serait pour moi...

DORMEUIL.

Oui, vous, j'entends bien ; vous êtes un philosophe ! quatorze ou quinze cents livres de rente vous suffiraient ! mais un Parisien ! Attachez-vous aux trois cent mille francs.

ARMAND.

Oui, monsieur, oui.

DORMEUIL.

L'aimable garçon ! mais j'entends, je crois, les voyageurs, faites-les entrer pendant que je vais donner des ordres.

ARMAND.

J'y vais, monsieur. (*A part.*) J'aime mieux cette commission que l'autre.

(Il sort.)

DORMEUIL.

Allons vite, mesdemoiselles, où êtes-vous donc? le vulnéraire pour les contusions, les verres d'eau pour ceux qui se trouvent mal, le dîner pour ceux qui se portent bien ; les jours de diligence j'ai toujours un second dîner prêt.

FINAL.

Courons recevoir au plus vite
Des voyageurs l'obligeante visite.

AURORE, en dehors.

Venez, venez, à mon secours.

DORMEUIL.

Mais j'entends la voix d'une femme,
Courons, courons à son secours.

SCÈNE XVII.

DORMEUIL, VOYAGEURS, AURORE, LES TROIS SOEURS, VALETS.

AURORE, soutenue par les trois sœurs, et suivie de valets et de jardiniers qui portent deux gros oreillers, et divers paquets, cartons, ridicules, etc.

Venez, venez, à mon secours.

(On lui présente des flacons; elle tombe presque évanouie dans un fauteuil sur ses oreillers. Un jardinier lui frappe un grand coup dans la main.)

DORMEUIL.

Reprenez vos esprits, madame,
Ici, toujours
On trouve du secours.

LES VOYAGEURS entrent et jettent leurs valises, sacs de nuit, etc.

Je n'irai plus en diligence,
Non, non, jamais, j'en fais serment.

1er. VOYAGEUR.

Dans la Gascogne, qué jé pense,
Nous voyageons plus sûrement!

DORMEUIL.

Ciel! ce sont des Gascons? maudite diligence!

LES VOYAGEURS.

J'ai cru voir mon dernier moment.

LES TROIS SOEURS.

Ah! les drôles de tournures!

DORMEUIL.

Oh! les plaisantes figures!

LES VOYAGEURS.

Hélas! je suis tout fracassé,
Je suis rompu, meurtri, blessé....

AURORE.

Jugez, monsieur, de ma souffrance,
Sens dessus-dessous,
Sous vingt paquets me voyez-vous ?

Ier. VOYAGEUR.

Moi, j'ai tremblé de perdre ma cadence,
Et que la peur ne m'eût gâté la voix.
Ut, ré, mi, fa, sol, la!

DORMEUIL, LES TROIS SOEURS.

Ah! ah! ah! ah! ah! ah! ah! ah!

LES VOYAGEURS.

Maudit chanteur! il recommence!
Oh! le maudit chanteur!

DORMEUIL.

C'est très-plaisant, sur mon honneur!

LES VOYAGEURS.

Faisons-le taire, et crions à la fois,
Ah! le maudit chanteur!

DORMEUIL.

Quelle diable de musique!
Quel carillon diabolique!

Ier. VOYAGEUR.

Mon Dieu! mon Dieu! combien je crain
Pour mes costumes de Colin!

AURORE.

Mon Dieu! mon Dieu! combien je crain
Pour ma perruche et mon carlin!

AURORE ET LES TROIS VOYAGEURS.

Je n'irai plus en diligence,
Non, non, jamais, j'en fais serment.

DORMEUIL ET LES TROIS SOEURS.

Ah! la maudite diligence!
Pour cette fois, maudit soit le chemin!
Quel tapage! quel train!
La maudite diligence
jusqu'à présent,
J'en fais serment,
Nous a servis bien autrement.

SCÈNE XVIII.

LES MÊMES, ARMAND.

ARMAND.

Ah! monsieur, vous allez être bien étonné. Je suis allé jusqu'à la voiture. Les postillons cherchaient un voyageur qui avait roulé, de dessus l'impériale, dans une fondrière!.. Je m'y précipite, et je trouve, devinez qui?...

DORMEUIL.

Oh! ciel! encore un Gascon?

ARMAND.

C'était mon oncle, dont je vous ai parlé cent fois, et qui allait à Angers pour me voir. Sans un buisson d'épines auquel il est resté suspendu, il tombait droit dans un étang.

DORMEUIL.

Quelle rencontre heureuse et singulière!

SCÈNE XIX.

LES MÊMES, LEROND.

LE ROND.

Ouf! quelle chute! Où est le maître du château?

ARMAND.

Le voici, mon cher oncle.

LEROND.

Ma foi, monsieur, je vous fais mon compliment sur votre chemin.

DORMEUIL.

Vous êtes bien bon! Quel bonheur que l'oncle de ce cher Armand soit descendu précisément à ma porte!

LEROND.

Ah! vous appelez cela descendre!

DORMEUIL, à Armand.

Et dites à présent que mon chemin n'a pas son bon côté?

LEROND.

Soit! mais je ne l'ai pas pris le bon côté, moi!

DORMEUIL.

Heureusement, il n'y paraît plus!

LEROND.

Non, presque pas..... Si je retrouve ce coquin de conducteur!...

2e. VOYAGEUR.

Eh ! monsieur, c'est vous qui nous avez fait culbuter.

LEROND.

Comment ! c'est moi !

1er. VOYAGEUR.

Oui, monsieur, quand on pèse commé trois, on né va pas se percher sur une impériale !

3e. VOYAGEUR.

Nous vous attaquerons en dommages et intérêts, monsieur !

LEROND.

Ah ! çà, plaisantez-vous ? je prends monsieur pour juge, pouvais-je tenir dans la voiture ? Le fond était presque entièrement occupé par madame de Glissenville que voilà.

DORMEUIL.

De Glissenville !

AURORE.

Oui, monsieur, Aurore, Prudence, Vertu,... de Glissenville, née Bois-Rosé, habitant à Paimbœuf.

LEROND.

Madame avait quatre oreillers, deux chiens, un perroquet, et je ne sais combien de ridicules. Nous étions six, et je m'appelle Lerond ! Vous me voyez !... Quand on marche au pas, on veut dormir. Madame criait à chaque instant : Ah ! mon Dieu ! nous allons verser ! Postillon, nous allons verser !

AURORE.

Non, ça n'a pas fini par là ?

LEROND.

N'y tenant plus, je me sauve sur l'impériale, et, pendant un rêve délicieux...

SUITE DU FINAL.

A trente pieds de la voiture
Je suis jeté du premier choc,
Grâces à ma ronde tournure,
Je roule, en tournant, comme un bloc.
Et dans ma chute, en conscience,
J'ai roulé, je crois, plus grand train
Que la maudite diligence
N'avait fait de tout le chemin.

DORMEUIL.

Je suis très-flatté de l'honneur
Que votre accident me procure.

LEROND.

Moi, pas du tout, je vous assure.

DORMEUIL.

De vous connaître mieux que n'ai-je le bonheur.

LEROND.

Sur ce point je puis vous instruire.
Monsieur est dans les droits.

3e. VOYAGEUR.

Oui, jé suis dans les droits.

LEROND,

Monsieur fait des exploits.

2e. VOYAGEUR.

Oui, jé fais des exploits.

LEROND.

Monsieur chante.

1er. VOYAGEUR.

Oui, jé chante.

LEROND.

Et madame soupire.

AURORE.

Oui, je soupire.

LEROND.

Et moi, monsieur, je vous en fais l'aveu,
Comme il avait cessé d'écrire,
J'allais tancer ce coquin de neveu.

AURORE.

Je courais après un volage.

3e. VOYAGEUR.

Moi, j'allais finir un procès.

2e. VOYAGEUR.

Pour ma direction j'allais faire un voyage.

1er. VOYAGEUR.

Dans l'opéra je chante avec succès,
Et pour les Colins je m'engage!
Vous aller juger de ma voix;
J'ai dé l'accent.

DORMEUIL.

Oui, je m'en aperçois!

1er. VOYAGEUR, chantant en roulades.

« Le rossignol dans un bocage.... »

(Il ne peut continuer, et dit en s'arrêtant :)

Oh! mon Dieu!

TOUS.

Qu'est-ce donc?

1er. VOYAGEUR.

J'ai perdu mon sol...

TOUS.

Quel malheur déplorable!

DORMEUIL.

La douleur vous accable !
Allons , consolez-vous !
Vous trouverez chez nous
Et des lits assez doux
Et du vin délectable.

TOUS.

Et des lits assez doux ,
Et du vin délectable.

DORMEUIL.

Du lit ou de la table ?
Lequel choisissez-vous

TOUS.

A table ! à table !
Allons vite , allons vite , à table !
De bons mets et de bons vins ,
Vont dissiper tous { nos / vos } chagrins.

FIN DU PREMIER ACTE.

ACTE SECOND.

SCÈNE PREMIÈRE.

LE ROND, ARMAND.

ARMAND.

De grâce, mon oncle, calmez votre colère et souvenez-vous que l'amour est mon excuse.

LEROND.

Comment, monsieur, calmer ma colère ! lorsque votre amour a manqué me faire rompre le cou !

ARMAND.

Vous venez de dire à M. Dormeuil que vous ne vous en ressentiez plus.

LEROND.

C'est vrai ! depuis que j'ai dîné je ne m'en ressens plus..... qu'un peu dans les reins et puis un peu dans les côtes....

ARMAND.

Ce ne sera rien.

LEROND.

Comment ! ce ne sera rien ! vous en parlez bien à votre aise ! Au reste, quoique furieux, je te pardonnerai de bon cœur, si tu réussis à épouser la nièce de M. Dormeuil. D'après la tenue du château, le caractère de l'hôte et l'excellent dîner que nous venons de faire, je suis sûr que ce mariage te conviendrait à merveille : car, enfin, tu n'as rien. Il est vrai que je te rendrai riche un jour ; mais je ne serai jamais le témoin du bien que je te ferai.

ARMAND.

Comment cela ?

LEROND.

Parce que tu n'hériteras de ma fortune qu'après ma mort.

ARMAND.

Je ne vous demande que d'employer votre éloquence à faire revenir M. Dormeuil de ses préventions en faveur de M. de Florville.

LEROND.

Comme ceci ne me coûtera rien je m'en charge volontiers ; je n'ai pas d'enfant.... tu m'en tiendras lieu ; et, à l'argent près, sois sûr que j'agirai envers toi comme un véritable père.

ARMAND.

Quelle générosité !

LEROND.

Apprends d'abord que je t'appelais à Paris, pour te mettre en possession de mon emploi.

ARMAND, vivement.

Quoi ! mon oncle....

LEROND.

Je n'en voulais plus. Je veux enfin prendre du repos.

ARMAND.

Une place à Paris! Voilà qui peut me servir merveilleusement auprès de M. Dormeuil.

LEROND.

Tant mieux! Allons, conduis moi à l'appartement qui m'est destiné.

ARMAND.

J'y ai déjà fait porter vos effets; par ici, mon oncle.

SCÈNE II.

DORMEUIL, ARMAND.

DORMEUIL, retenant Armand.

Armand, mon cher Armand!

ARMAND.

Monsieur.

DORMEUIL.

Mon ami, j'ai maintenant le plus grand besoin de vous auprès d'Élise! figurez-vous qu'elle hésite sur le mariage en question.

ARMAND, vivement

Il se pourrait!

DORMEUIL.

J'en suis d'une colère! méconnaître à ce point vos bons soins et les miens! Vous avez de l'amitié pour elle; achevez, de grâce, votre ouvrage, et tâchez de lui faire sentir tous les avantages de cette union.

ARMAND, à part.

Il me donne toujours des commissions charmantes.

DORMEUIL.

La voici ! réunissons-nous pour lui faire entendre raison à ce sujet.

ARMAND.

Souffrez que j'aille d'abord indiquer à mon oncle son appartement.

DORMEUIL.

C'est juste ! allez et revenez vite.

ARMAND, à part.

Elle hésite ! Ah ! c'est l'amour qui parle encore à son cœur.

(Il sort.)

SCÈNE III.

DORMEUIL, ÉLISE.

DORMEUIL.

Eh bien ! ma chère amie, as-tu réfléchi ?

ÉLISE.

Mais, mon oncle, pourquoi tant se presser ?

DORMEUIL.

Pourquoi ? Parce qu'il faut saisir les grandes occasions, quand elles se présentent. Croyez-vous qu'il va tous les jours me verser des Parisiens ? Demandez à Armand : il vous dira combien vous avez tort de balancer.

ÉLISE.

Comment ! Mon oncle ! Il approuve donc sérieusement ?....

DORMEUIL.

S'il approuve ! puisque c'est lui qui se charge des négociations... Il y met un zèle au-dessus de tout éloge, et dont je veux le récompenser, en secondant, de mon côté, l'amour qu'il a pour Mme. de Melval.

ÉLISE.

Il aime Mme. de Melval ?

DORMEUIL.

Il en est fou. Et tu dois sentir combien il lui serait avantageux d'épouser une Parisienne.

ÉLISE, *à part.*

Le perfide ! Eh bien ! qu'il l'aime ; qu'il l'épouse !

DORMEUIL.

Quant à toi, songe, de grâce, au bonheur qui suivra ton mariage avec M. de Florville.

DUO.

Connais-tu le destin des dames de Paris ?
Séduisantes Syrènes,
Ce sont autant de reines,
Et leurs premiers sujets sont toujours leurs maris.
La mode et ses miracles
Embelliront tes traits.

ÉLISE.

La mode, etc.

DORMEUIL.

Aux plus brillans spectacles
Tu montres tes attraits.

ÉLISE.

Aux plus brillans, etc.

DORMEUIL.

Tu cours de fête en fête,
De conquête en conquête.

ÉLISE.

Je cours, etc.

DORMEUIL.

Les plus charmans propos
Enchantent ton oreille.

ÉLISE.

Les plus charmans, etc.

DORMEUIL.

Pas un jour de repos,
Toutes les nuits on veille.

DORMEUIL.	ÉLISE.
Tel est l'heureux destin des dames de Paris,	Quoi! c'est là le destin. etc.
Et leurs premiers sujets sont toujours leurs maris.	Et leurs premiers, etc.

ÉLISE.

Je serai ma maîtresse?

DORMEUIL.

Tu seras ta maîtresse.

ÉLISE.

Et je pourrai danser?

DORMEUIL.

Oui, tu pourras danser.

ÉLISE.

Et nuit et jour walser?

DORMEUIL.

Et nuit et jour walser.

ÉLISE.

Et m'amuser sans cesse ?

DORMEUIL.

Et t'amuser, etc.

ÉLISE.

Je suivrai tous mes goûts,
Sans craindre qu'on me blâme ?

DORMEUIL.

Là, jamais un époux
N'ose gronder sa femme.

DORMEUIL.	ÉLISE.
Tel est l'heureux destin, etc.	Suivons l'heureux destin, etc.

SCÈNE IV.

LES MÊMES, AURORE.

AURORE, en dehors.

Mon appartement! mon appartement, et mon lit!

DORMEUIL, à Élise.

Va voir si l'on prépare l'appartement de madame!

(Elle sort.)

AURORE, entrant.

Ah! monsieur, vous voilà!

DORMEUIL.

Il me semble que madame est à présent très-bien.

AURORE.

Très-bien, monsieur! Vous trouvez? malgré mon accident?

DORMEUIL.

J'ai l'honneur de vous saluer. Les soins les plus essentiels réclament ma présence. (*A part.*) Évitons la vieille, et courons donner des ordres pour qu'on raccommode la diligence au plus vite.

SCÈNE V.

AURORE, *seule*.

Il me trouve bien! Voilà enfin un homme poli! Quel voyage pourtant! C'est un gouffre que ce Paris! On dit que les femmes sensibles retrouvent là mille amans pour un. S'il était vrai, serais-je revenue? Que je suis à plaindre! A mon âge, la perte d'un amant n'est pas facile à réparer.

COUPLETS.

Je sais qu'à vingt ans
On peut en retrouver sans peine.
Mais à quarante ans!.....
Car j'ai quarante ans,
Et même quarante-cinq ans.
Veut-on reprendre chaîne
Au bout d'un certain temps?
Le temps qui vous entraîne,
Dit à tous les amans!...
Elle a quarante ans!...
Je l'avoûrai même avec peine,
J'ai bien cinquante ans,
Et puis encor cinq ou six ans.

C'est bien malheureux, cependant!

Sans avoir vingt ans,
On peut encor paraître belle.

Je n'ai plus vingt ans,
Non, je n'ai plus vingt ans,
Et même je n'ai plus trente ans.
Mais aux grâces fidèle,
On reste en son printemps.
Chaque mode nouvelle
Peut bien m'ôter cinq ans.
Reste à quarante ans.
Un cœur brûlant rend toujours belle.
L'amour, je le sens,
Peut bien m'ôter dix ans,
Et même encor cinq ou six ans.
Je n'ai donc plus que vingt-cinq ans.

Ne désespérons pas encore, et reposons-nous.

(Elle s'assied.)

SCÈNE VI.

AURORE, FLORVILLE (*dans le costume le plus élégant*).

FLORVILLE.

Voilà, sans doute, madame de Melval... abordons-la.... Madame, permettez que je m'empresse de venir vous faire ma cour.... O ciel!

AURORE, se redressant.

Que vois-je?... Un jeune homme!... Il s'est empressé! Il veut me faire la cour!...

FLORVILLE, à part.

Quoi! c'est là cette jolie femme!

AURORE, à part, se levant.

Il a dit, jolie femme! Mais, comme je suis faite! O bon Dieu!

SCÈNE VII.

Les mêmes, NICOLAS.

NICOLAS.

Madame, votre appartement est prêt.

AURORE, à Nicolas.

Il est prêt !... (*A Florville.*) Mille pardons, monsieur !... (*A part.*) Pourvu que mes cartons n'aient pas été froissés... Qu'il est bien ! (*A Florville.*) Je reviens dans un moment ; ne vous impatientez pas.

FLORVILLE.

Nullement, madame, nullement.

AURORE.

Ah ! je ne me plains plus d'avoir versé. (*A Nicolas.*) Conduisez-moi vite !

SCÈNE VIII.

DORMEUIL, FLORVILLE.

FLORVILLE, seul.

S'est-on moqué de moi ? M'annoncer madame de Melval, et me faire trouver avec une femme de cet âge-là !

DORMEUIL, en dehors.

Oh ! le bon tour ! l'excellent tour !

FLORVILLE.

Comment ! le bon tour !

DORMEUIL, entrant.

Me voilà, mon cher Florville; vous allez bien rire..... A propos, avez-vous vu notre jeune Parisienne?

FLORVILLE.

Quoi ! ce demi-siècle qui sort d'ici ?

DORMEUIL.

Non ; celle-là est une vieille folle, qui a versé avec la voiture publique. Pour cette fois, j'y suis pris. J'attendais, comme à l'ordinaire, des gens !.... enfin.... des gens charmans, comme vous ! Pas du tout ; figurez-vous une colonie toute entière de Gascons !

FLORVILLE.

C'est bien fait ! Avec votre manie de faire verser les gens....

DORMEUIL.

(*A part.*) Le marier à ma nièce ! Quelle idée ! Quelle idée ! (*à Florville.*) Touchez là, mon bon ami ; mon bon ami, touchez là.

FLORVILLE.

(*A part.*) Quel redoublement de tendresse ! (*Haut.*) Monsieur, je suis sensible....

DORMEUIL.

(*A part.*) Il est sensible ! Armand lui aura parlé. (*A Florville, lui serrant la main.*) C'est une bien grande joie pour moi, mon ami.... C'est un grand bonheur !

FLORVILLE.

Et pour moi aussi, monsieur. (*A part.*) Je ne sais pas ce qu'il veut dire.

DORMEUIL.

Et pour vous aussi !!! Ce cher Armand vous a donc entretenu de... Vous m'entendez,... de...

FLORVILLE.

Ah ! de madame de Melval ?....

DORMEUIL, lui serrant la main.

Non pas ; de mon projet de.... de....

FLORVILLE.

De votre projet ?....

DORMEUIL.

Oui....

FLORVILLE.

(*A part.*) Le diable m'emporte si je comprends !

DORMEUIL, à part.

Armand ne lui aura rien dit ! A quoi s'amuse-t-il donc ?

SCÈNE IX.

LES MÊMES, ARMAND, *ensuite* LES TROIS SOEURS, Mme. DE MELVAL.

ARMAND, à Dormeuil.

Monsieur, je viens de conduire mon oncle, et je me rends à vos ordres.

DORMEUIL.

Mais, mon ami, vous n'avez donc pas encore causé avec M. de Florville ?

ARMAND.

J'attends un moment favorable.

ÉLISE, entrant avec ses sœurs.

Mon oncle, on vous fait dire que la diligence ne pourra pas être raccommodée de deux jours.

DORMEUIL.

O mon Dieu! mes Gascons vont me rester!

ÉLISE, à part.

J'espère, à présent, que M. de Florville va s'occuper de moi.

FLORVILLE.

Mais, monsieur, cette madame de Melval, que j'ai rencontrée quelquefois!....

DORMEUIL, entendant la harpe dans une pièce voisine.

Ah! vous la connaissez?.... Paix!

FLORVILLE.

Qu'entends-je?

DORMEUIL.

C'est elle!

ARMAND.

Écoutons.

DORMEUIL, allant à la porte.

Bravo! bravo! belle dame.

Mme. DE MELVAL, entrant.

Quoi! vous m'écoutiez! Je me croyais seule, et j'essayais la harpe que vous avez eu la galanterie de faire placer dans mon appartement.

DORMEUIL.

Permettez que je vous présente M. de Florville, un jeune homme charmant, qui dit avoir l'honneur de vous connaître.

Mme. DE MELVAL.

En effet ! Comment, c'est vous, monsieur ?

FLORVILLE.

Ah ! madame, que je rends grâce au hasard qui m'a conduit dans ce château.

Mme. DE MELVAL, avec intention.

Croyez que je ne suis pas moins flattée d'une rencontre que j'étais loin d'espérer.

FLORVILLE.

(*A part.*) Elle m'avait remarqué. J'en étais sûr.

ARMAND, à part.

Bon la conversation s'engage déjà.

FLORVILLE.

Combien j'ai d'obligations à M. Dormeuil... Jusqu'à présent, madame, je n'avais eu le bonheur de vous apercevoir qu'au milieu d'une foule empressée ; et quand on joint, comme vous, à la grâce, à la figure....

DORMEUIL.

Comme dit M. de Florville, en fait de grâces, de figure et de talens, c'est une réunion qui.... sans doute.... enfin.... certainement... Au reste, je vois que vous n'avez pas négligé la musique. J'en fais toujours mes plus chères délices.... Et je veux vous faire connaître les progrès de ma nièce Élise : la plus belle méthode de l'Anjou : c'est moi qui lui montre.

Mme. DE MELVAL.

Mademoiselle est aussi musicienne ?

DORMEUIL.

Vous allez l'entendre, et j'espère qu'à Paris

même.... Allons, mademoiselle, votre ariette favorite.

ÉLISE, à part.

Si elle pouvait trouver que je chante bien, à cause de M. de Florville !

ARMAND, bas à Mme. de Melval.

Il va la faire briller aux yeux de mon rival, et vous le souffrez !

Mme. DE MELVAL, bas à Armand.

Mais, monsieur, laissez-moi donc faire.

(Élise chante un grand récitatif.)

Mme. DE MELVAL, l'arrêtant.

Mademoiselle, mille pardons !

ÉLISE, à part.

O mon Dieu ! Elle m'interrompt dans mon plus beau passage, et devant M. de Florville encore !

Mme. DE MELVAL.

Pourquoi chanter de ces grands airs français ?

FLORVILLE.

C'est juste ! Le bon genre, aujourd'hui, est de chanter des paroles que ne comprennent ni ceux qui les écoutent, ni quelquefois ceux qui les chantent.

DORMEUIL.

Vous avez raison ! aussi nous permettons-nous, de temps en temps, la *Capriciosa*, les *Cantatrice Villane*, *Mon cœur soupire*, et *Zon, zon, zon !*... comme à Paris. Ce n'est pas que je ne sois un peu de l'avis de ceux qui trouvent que la musique française a bien aussi son mérite, et que les Grétry, les Méhul et les Dalayrac étaient, quoique Français, d'assez jolis compositeurs ; mais, la mode ! la mode ! Il faut bien suivre la mode et les usages du grand monde... Cependant, pour tout concilier, j'ai imaginé, à notre dernière réunion d'amateurs, de leur chanter quelques-uns de nos vieux airs, avec des paroles italiennes, et alors ils criaient : « Bravo ! bravo ! Il n'y a que les Italiens pour faire de la musique pareille ! » Certainement ils la font excellente ; mais, quand on peut leur opposer des airs comme *Ma tendre musette,* et *Au clair de la lune, mon ami Pierrot....*

FLORVILLE.

Ah! ah! ah! *Au clair de la lune!* Mais, monsieur, vous plaisantez, avec vos airs gothiques !

DORMEUIL.

Vous riez ! Eh bien ! madame, je vais vous faire entendre un de ces prétendus airs gothiques, avec des variations de ma composition, et des paroles italiennes, que j'ai prises tout uniment dans Métastase.

FLORVILLE, à part.

Je suis persuadé que ce doit être le comble du ridicule.

DORMEUIL.

(*A Elise.*) Allons, ma nièce, à nous deux ! (*A Florville.*) Attendez, avant de prononcer, et vous, mesdemoiselles, le plus profond silence, contre votre ordinaire.

DUO.

O lieto momento,
Bel premio d'amor
Di dolce contento
Mi palpita il cor ;
Già splendon serene
Le stelle nel ciel,
Consola, o mio bene!
Qu'est' alma fedel.

Delizie contenti
Promete l'amor
Ed aspri tormenti
Poi desta nel cor
Delizie contenti
Promete l'amor
Ed asper tormenti
Por desta nel cor.

Au clair de la lune,
Mon ami Pierrot,
Prête-moi ta plume
Pour écrire un mot ;
Ma chandelle est morte,
Je n'ai plus de feu,
Ouvre-moi ta porte
Pour l'amour de Dieu.

ÉLISE, à part.

M. de Florville ne m'a seulement pas écouté ! il n'est occupé que de sa coquette !

DORMEUIL, à Florville.

Eh bien ! monsieur le railleur, qu'en dites-vous ? Nous avons, comme cela, des trésors que nous laissons enfouis, par préjugé ; mais je tiens à nos vieux airs nationaux, et je prétends les remettre à la mode.

Mme. DE MELVAL.

Il vous suffira de les chanter.

DORMEUIL.

Trop bonne ! J'étais aujourd'hui très-enroué. Mais j'espère les propager, grâce au soin que j'ai eu d'établir dans mon château une petite école d'enseignement mutuel de musique, d'après celle de la capitale, que vous connaissez sans doute.

Mme. DE MELVAL.

Je vous avouerai franchement.....

DORMEUIL.

Comment ! à Paris même on ignore !.... tandis que dans l'Anjou.... Je veux vous donner une idée de ma petite classe. Allons, mesdemoiselles, vos ardoises..... c'est moi qui suis le maestro : ça veut dire le professeur.

FLORVILLE.

Et qui est-ce qui fait le moniteur?

ÉLISE.

C'est moi, monsieur.

FLORVILLE, à part.

Elle va être toute à son rôle, occupons-nous du mien.

Mme. DE MELVAL, à part.

Le fat se rapproche de moi; ayons l'air de l'encourager.

MORCEAU D'ENSEMBLE.

(Les trois sœurs sont assises à côté l'une de l'autre, à la droite de Dormeuil; Armand est plus loin. Madame de Melval est assise à gauche, Florville est debout près d'elle, et lui fait la cour.)

DORMEUIL.

Attention! notez exactement.

Mme. DE MELVAL, ARMAND, FLORVILLE, à part.

Il compose apparemment.

DORMEUIL.

J'y suis dans un moment.
Bon! c'est cela!
Do, ré, mi, fa.

ELISE, AGATHE écrivant.

Do, ré, mi, fa.

EUGÉNIE.

Do, ré, mi, fa.

DORMEUIL.

Non, ce n'est pas cela!

EUGÉNIE.

Do, ré, mi, fa.

DORMEUIL.

Très-bien! nous y voilà!
(A Mme. de Melval.)
Écoutez attentivement.

Mme. DE MELVAL, FLORVILLE.

Nous écoutons très-attentivement.

DORMEUIL, à part.

Pour madame, à présent,
Sur ce chant,
Tâchons d'improviser un petit compliment.
(A part.)
En ces lieux... par votre.... présence....

TOUS.

Il compose apparemment.

DORMEUIL, et ensuite les TROIS SOEURS.

En ces lieux, par votre présence,
Je vois enfin tout ce qui peut charmer.
Des plus beaux jours je conçois l'espérance ;
Vous seule ici pouvez tout animer.

ÉLISE, regardant de Florville.

Répétons : dans ces lieux....

Mme. DE MELVAL, se levant.

Ce chant paraît facile;
Permettez que j'essaie.

DORMEUIL.

Et vous, mon cher Florville,
Répétez donc aussi.

FLORVILLE, s'approchant de Mme. de Melval.

Volontiers.

DORMEUIL.

C'est charmant!

ÉLISE, à part.

Ah! la coquette!

ARMAND, à part.

C'est charmant!
Je la conçois parfaitement.

Mme. DE MELVAL, FLORVILLE, en duo.

Dans ces lieux, par votre présence,
Je vois enfin tout ce qui peut charmer.

Des plus beaux jours je conçois l'espérance ;
Vous { seul / seule } ici pouvez tout animer.

DORMEUIL.

C'est charmant ! c'est charmant !
Que j'aime à vous entendre !
Vous faites un duo charmant.

Mme. DE MELVAL, ARMAND, à part.

A ce regard si tendre,
Il se prendra certainement.
Je le tiens ! je le tiens !

ÉLISE, EUGÉNIE, AGATHE.

{ Voyez / Vois donc } de quel air tendre
Il la regarde en ce moment.

FLORVILLE, à part.

Que son regard est tendre !
Je plais déjà certainement.

DORMEUIL.

Eh bien ! que dites-vous de mon enseignement ?

TOUS.

C'est charmant !

DORMEUIL.

N'est-ce pas, c'est charmant ?

ÉLISE, à part.

Ah ! que j'enrage en ce moment !

ARMAND, à part.

J'espère tout en ce moment !

FLORVILLE, à part.

Elle a saisi ma déclaration.

ARMAND, à Élise.

Mademoiselle, recevez mon compliment! M. de Florville s'occupe de vous avec un empressement!.....

ÉLISE, à part.

Elle a tant fait qu'il ne me regarde déjà plus!

DORMEUIL.

Mais, la promenade nous appelle; nous avions tout à l'heure trois pouces d'eau dans la rivière, il faut vite aller la voir avant.....

Mme. DE MELVAL.

Avant qu'elle ne déborde?

DORMEUIL.

Non, avant qu'elle ne soit à sec; la rivière fuit un peu. Veuillez accepter mon bras, belle dame!

Mme. DE MELVAL.

Excusez-moi de grâce, mais je suis si fatiguée du voyage!.....

FLORVILLE.

Et moi si harassé de la chasse!

DORMEUIL.

Eh bien! nous remettrons la promenade. Moi, je vais avec ces demoiselles m'occuper du départ de nos voyageurs. *(Bas.)* Vous, Armand, tâchez donc de parler à M. de Florville.

(Il sort avec ses nièces.)

ARMAND, à part.

Laissons madame de Melval exécuter son projet : pressons mon oncle de désabuser M. Dormeuil et ramenons-les au moment favorable.

(Il sort.)

SCÈNE X.

Mme DE MELVAL, FLORVILLE.

FLORVILLE, à part.

Elle reste !..... entamons l'entretien.

Mme. DE MELVAL, à part.

Laissons-le commencer; il commencera.

FLORVILLE.

Enfin, madame, nous voilà seuls! les momens que je croyais perdus dans cette obscure retraite me semblent maintenant les plus heureux de ma vie.

Mme. DE MELVAL.

Il est doux, j'en conviens, de rencontrer, loin du fracas du grand monde, des personnes qui sachent nous entendre, partager nos sentimens....

FLORVILLE.

Que je suis heureux de pouvoir enfin vous exprimer ceux que vous m'avez inspirés depuis si long-temps, et que je rends grâce au hasard qui nous a rapprochés!.....

Mme. DE MELVAL.

Quel dommage qu'un prompt départ.....

FLORVILLE.

Eh quoi! madame, à peine arrivée, et vous songez déjà à nous quitter?

Mme. DE MELVAL.

Je viens d'apprendre que les affaires qui m'appelaient en Anjou sont terminées, et (*avec inten-*

tion.) monsieur est peut-être retenu ici pour longtemps ?

FLORVILLE.

Moi, madame. J'étais au moment de partir; d'ailleurs qui me retiendrait quand vous vous éloignez? Que je serais heureux s'il m'était permis de m'attacher à vos pas!

Mme. DE MELVAL.

Nous y voilà! (*Haut.*) Quoi, monsieur, vous consentiriez à m'accompagner.....

FLORVILLE.

Ah! madame, jusqu'au fond des déserts!

Mme. DE MELVAL.

Des déserts!

DUO.

FLORVILLE.

Partons pour ce charmant voyage,
Que le trajet me serait doux!

Mme. DE MELVAL.

Non, non, je crois qu'il n'est pas sage
De suivre un guide tel que vous!

FLORVILLE et Mme. DE MELVAL, ensemble.

Ah! quand même goût nous rassemble,
Il est si doux de voyager ensemble.
On monte à pied le coteau!
On s'assied près d'un ruisseau!
On sourit au berger conduisant son troupeau!
On se mêle, en passant, aux danses du hameau.

FLORVILLE.

La nuit à vos côtés en silence je veille,

Mme. DE MELVAL.

De l'aurore avec vous j'admire la merveille!

FLORVILLE.

Qu'il survienne un danger, ce bras combat pour vous!

Mme. DE MELVAL.

Le danger le plus grand serait d'être avec vous!

FLORVILLE.

Partons, etc., etc.

Mme. DE MELVAL.

Non, non, etc., etc.

FLORVILLE, à part.

Si j'en crois l'apparence,
Je la charme déjà.

Mme. DE MELVAL, à part.

Laissons-lui l'espérance,
Il n'aura que cela!

FLORVILLE.

Sa main, prête à se rendre,
S'abandonne déjà.
La voilà! la voilà!
Du baiser le plus tendre
Couvrons cette main-là.

(Il lui baise la main.)

Mme. DE MELVAL.

Songeons à nous défendre,
Il faut l'arrêter là!

FLORVILLE.

Je puis tout entreprendre,
Je crois, après cela!

Mme. DE MELVAL.

Quoi, vous m'aimez?

FLORVILLE.

Bien tendrement.
A vos genoux j'en fais serment.

(Ici Armand écoute dans le fond. Mme. de Melval lui fait un signe, il s'éloigne.)

Mme. DE MELVAL, à part.

Je l'avais dit, voilà le doux serment,
Bientôt nous aurons le martyre,
Le martyre, le délire,
Et la trop funeste rigueur.

FLORVILLE, à part.

Bientôt je serai vainqueur,
Oui je saurai triompher de son cœur.

Mme. DE MELVAL.

Non, non, je ne puis vous croire.
Gardez, gardez votre cœur,
Je n'aspire qu'à la gloire
De rire de votre ardeur.

FLORVILLE.

O trop funeste rigueur!

Mme. DE MELVAL.

Son espérance est vaine,
Il croit être vainqueur;
Mais je saurai sans peine
Démasquer le trompeur.

FLORVILLE.

Sa résistance est vaine,
Je vais être vainqueur,
Et je saurai sans peine
Triompher de son cœur.

SCÈNE XI et dernière.

LES MÊMES; DORMEUIL et ses TROIS NIÈCES, paraissent à la fin du duo, conduits par ARMAND et LEROND.

FLORVILLE.

Eh quoi! madame, vous pourriez encore douter de l'excès d'une passion.....

Mme. DE MELVAL

Comment puis-je vous croire, d'après l'aveu de votre amour à la jeune Élise.

FLORVILLE.

Quoi, madame, on vous aurait dit?..... Simple politesse, distraction de société!.... croyez que jusqu'à ce moment je n'éprouvai d'amour que pour vous; et c'est à vos pieds que le jure l'amant le plus fidèle.

DORMEUIL, *à part.*

Qu'entends-je?

Mme. DE MELVAL.

Je n'ose pas vous dire que je ressens pour vous le même amour; mais je puis vous assurer, que l'aveu de votre tendresse me fait, en ce moment, le plus grand plaisir.

FLORVILLE.

Ah! madame!.... (*A part.*) Pourquoi Armand n'est-il pas-là?

ARMAND, *s'avançant.*

J'y suis, monsieur!

DORMEUIL et LEROND.

Et moi aussi.

FLORVILLE.

Ciel! je suis joué!

DORMEUIL.

Ah! çà, mesdemoiselles, que me disiez-vous donc tout à l'heure?

AGATHE.

Je vous disais, mon oncle, que c'est moi que M. de Florville aime : il me l'a dit encore ce matin.

EUGÉNIE.

Et moi, je vous soutiens qu'il m'a juré, hier au soir, qu'il m'aimait exclusivement.

DORMEUIL.

Comment! et il a juré la même chose à Élise!

LEROND.

Il est clair qu'il en aimait exclusivement trois à fois.

Mme. DE MELVAL.

Vous pouvez en compter une quatrième.

DORMEUIL.

Mais quelle est donc cette manière de faire sa cour?

Mme. DE MELVAL.

Eh bien! mon ami, c'est comme à Paris!

DORMEUIL.

Ma foi, mon cher, j'aurais été charmé de donner ma nièce à un jeune homme de la capitale; mais c'est être aussi par trop Parisien!!!

FLORVILLE.

J'avoue, monsieur, qu'un peu de légèreté!....

Mme. DE MELVAL.

Maintenant, mon ami, permettez que je vous présente celui que votre nièce aimait, avant qu'un petit grain de vanité n'eût égaré son esprit.

DORMEUIL.

Eh quoi! c'était Armand!.... et moi qui le chargeais toujours!... Je ne dis pas non, mais....

LEROND.

Je lui donne mon emploi, et lui assure ma fortune.

FLORVILLE.

Madame, j'ai eu des torts; mais je vais tout réparer; vous avez commencé ma conversion, achevez ce miracle.

Mme. DE MELVAL.

Monsieur, je me marie dans huit jours; mais, dès que je serai veuve....

DORMEUIL.

Ah çà! nos voyageurs sont partis, nous ferons la noce entre nous.

CHOEUR.

Pour la fête
Que tout s'apprête;
Chantons, célébrons ce beau jour:
Nous ne craindrons point de naufrage;
L'Hymen, appuyé sur l'Amour,
Ne verse jamais en voyage.

FIN.

EXTRAIT

DU CATALOGUE DE J.-N. BARBA, LIBRAIRE,

PALAIS-ROYAL, DERRIÈRE LE THÉATRE-FRANÇAIS.

NOUS LE SOMMES TOUS, ou L'ÉGOÏSME, par PIGAULT-LEBRUN, 2 vol. in-12. Prix : 5 fr., et 6 fr. par la poste.

Cet ouvrage peut soutenir la réputation de l'auteur des *Barons de Felsheim*, d'*Angélique et Jeanneton*, de l'*Enfant du Carnaval*, etc. On y reconnaîtra une grande connaissance du cœur humain.

AGATHE, ou le Petit Vieillard de Calais, par M. VICTOR DUCANGE, auteur de Palmerin et de la Folle intrigue, pièce en trois actes; 2 vol in-12. Prix : 5 fr., et par la poste, 6 fr.

ALBERT, ou les Amans Missionnaires, par le même; 2 vol. in-12. Prix : 5 fr.

Le succès d'Agathe nous est un sûr garant de celui-ci.

ŒUVRES COMPLÈTES

DE PIGAULT-LEBRUN.

69 volumes in-12, figures. Prix : 150 fr.

Ses ouvrages se vendent séparément.

NOUS LE SOMMES TOUS, ou l'*Égoïsme*, 2 vol. in-12.	5 f.
GARÇON (le) SANS SOUCI, 2 vol. in-12, fig.	5 f.
L'OFFICIEUX, 2 vol. in-12, fig.	5 f.
ADÉLAÏDE DE MÉRAN. 4 vol. in-12.	10 f.
ANGÉLIQUE ET JEANNETON, 2 vol. in-12, fig.	5 f.
BARONS (les) DE FELSHEIM, 4 vol. in-12. nouvelles fig.	10 f.
CITATEUR (le), 2 vol. in-12.	6 f.
CENT VINGT JOURS (les), 4 vol. in-12, fig.	10 f.
ENFANT (l') DU CARNAVAL, 3 vol. in-12, fig.	7 f. 50 c.
FAMILLE (la) DE LUCEVAL, 4 vol. in-12, fig.	10 f.
FOLIE (la) ESPAGNOLE, 4 v. in-12, fig.	10 f.
JÉRÔME, 4 vol. in-12.	10 f.
HOMME (l') A PROJETS, 4 vol. in-12, fig.	10 f.
MÉLANGES littéraires et critiques, 2 vol. in-12.	5 f.
MON ONCLE THOMAS, 4 vol. in-12, fig.	10 f.
MONSIEUR BOTTE, 4 vol. in-12, fig.	10 f.
MONSIEUR DE ROBERVILLE, 4 v. in-12.	10 f.
THÉATRE ET POÉSIES, 6 vol. in-12.	12 f.
UNE MACÉDOINE, 4 vol. in-12.	10 f.
TABLEAUX de Société, 4 vol. in-12, port. de l'auteur.	10 f.

HISTOIRE PHILOSOPHIQUE DE LA RÉVOLUTION DE FRANCE, depuis 1787 jusqu'au retour de Sa Majesté Louis XVIII en 1814, par Fantin-Désodoars; 6 vol. in-8., ornés du portrait de l'auteur. Prix : 30 fr.

Cette sixième édition est un ouvrage neuf : il est entièrement refait. L'auteur y professe une grande impartialité; il a extirpé, si j'ose m'exprimer ainsi, une poignée d'intrigans révolutionnaires de la masse de la nation française; il la justifie aux yeux de l'Europe et de la postérité; en un mot, il rend justice aux braves gens et aux gens braves. Cet ouvrage doit plaire aux hommes impartiaux de tous les pays.

LE CUISINIER ROYAL, ou l'Art de faire la Cuisine et la Pâtisserie, pour toutes les fortunes, avec la manière de servir une table depuis vingt-cinq jusqu'à soixante couverts. *Dixième édition*, revue, corrigée et *augmentée de cent cinquante articles*, par A. Viard, homme de bouche, de 845 articles, par M. Fouret ci-devant cuisinier du roi d'Espagne; et suivie d'une Notice sur les Vins, par M. Pierhugue, sommelier du Roi; 1 vol. in-8. 6 fr.

Pièces du Répertoire de la Comédie française, avec toutes les traditions et changemens conformes à la représentation.

TRAGÉDIES.

Abufard, de Ducis.
Adélaïde du Guesclin, de Voltaire.
Agamemnon, de Lemercier, 3e. édition.
Alzire, de Voltaire.
Andromaque, de Racine.
Athalie, de Racine.
Britannicus, de Racine.
Cid (le), de Pierre Corneille.
Cinna, de Pierre Corneille.
Comte de Warwick (le), de Laharpe.
Coriolan, de Laharpe.
Hector, de Luce de Lancival, figure.
Gabrielle de Vergy, de Dubelloy.
Horaces (les), de P. Corneille.
Iphigénie en Aulide, de Racine.
Iphigénie en Tauride, de Guy de Latouche.
Mahomet, de Voltaire.
Manlius Capitolinus, de Lafosse.
Mariamne, de Voltaire.
Nicomède, de P. Corneille.
OEdipe, de Voltaire.
Othello, de Ducis.
Phèdre, de Racine.
Polyeucte, de P. Corneille.
Rhadamiste et Zénobie, de Crébillon.
Rodogune, de P. Corneille.
Semiramis, de Voltaire.
Spartacus, de Saurin.
Tancrède, de Voltaire.
Venceslas, de Rotrou.
Zaïre, de Voltaire.

COMÉDIES.

Barbier de Séville (le), en 4 actes, de Beaumarchais.

Chevalier à la Mode (le), en 5 actes, de Dancourt.

Crispin rival de son maître, de Lesage.

Dehors Trompeurs (les), en 5 actes, de Boissy.

École des Femmes (l'), en 5 actes, de Molière.

Étourdis (les), en 3 actes, de M. Andrieux.

Fausses Confidences (les), en 3 actes, de Marivaux.

Fausses Infidélités (les), de Barthe.

Femme Jalouse (la), en 5 actes, de Desforges.

Femmes Savantes (les), en 5 actes, de Molière.

Fourberies de Scapin (les), en 3 actes, de Molière.

Grondeur (le), en 3 actes, de Brueys et Palaprat.

Habitant de la Guadeloupe (l'), en 5 actes, de Mercier.

Heureuse Erreur (l'), de Patrat.

Honnête Criminel (l'), en 5 actes, de Falbaire.

Jaloux sans amour (le), en 5 act., d'Imbert.

Jeux de l'Amour et du Hasard (les), en 3 actes, de Marivaux.

Mariage de Figaro (le), en 5 actes, de Beaumarchais.

Mariage secret (le), de Brousse Desfaucherets, en 3 actes.

Mercure galant (le), en 4 actes, de Boursault.

Métromanie (la), en 5 actes, de Piron.

Misanthrope (le), en 5 actes, de Molière.

Misanthropie et Repentir, en 5 actes.

Nanine, en 3 actes, de Voltaire.

Plaideurs (les), en 3 actes, de Racine.

Projets de Mariage (les), de Duval.

Rivaux d'eux-mêmes (les), de Pigault.

Tartuffe (le), en 5 actes, de Molière.

Tartuffe de mœurs (le), en 5 actes, de Chéron.

Trois Sultanes (les), en 3 actes, de Favart.

Les autres pièces paraîtront successivement.

PIÈCES NOUVELLES
DE DIFFÉRENS THÉATRES.

LES VÊPRES SICILIENNES, tragédie en cinq actes, précédée du Discours d'ouverture du Second Théatre français; par M. Casimir Delavigne. Prix : 2 fr. 50 c.

LES COMÉDIENS, comédie en cinq actes et en vers, par le même auteur, 3e. *édition*. Prix : 2 fr. 50 c.

LA FILLE D'HONNEUR, comédie en cinq actes et en vers, par M. Al. Duval, 3e. *édition*. Prix : 3 fr.

LES TEMPLIERS, tragédie en cinq actes, par M. Raynouard, portrait. Prix :

CLOVIS, tragédie en cinq actes, par M. Lemercier, auteur d'*Agamemnon*. Prix : 2 fr. 50 c.

UN MOMENT D'IMPRUDENCE, comédie en trois actes, par MM. Wafflars et Fulgens. Prix : 1 fr. 50 c.

LE COIN DE RUE, vaudeville en un acte, de MM. Brazier et Dumersan. Prix : 1 fr. 25 c.

M. TOUCHE-A-TOUT, vaudev. burlesque, en un acte. Prix : 1 fr. 25 c.

LE SÉDUCTEUR CHAMPENOIS, *ou* les Rhémois, vaudeville en un acte, de MM. Dartois et Saintine. Prix : 1 fr. 25 c.

RETOUR DE WERTHER, ou les derniers élans de sensibilité, comédie-parade vaudevillle, par G. Duval, auteur du premier Werther. 1 fr. 25 c.

L'HOMME POLI, comédie en cinq actes et en vers, par M. Merville. 2 fr. 50 c.

LA POSTE DRAMATIQUE, revue critique de Marie Stuart, de Conradin, de l'Homme poli, etc. vaudeville. 1 fr. 25 c.

FLATTEUR (le) comédie en cinq actes et en vers, par M. Gosse auteur du Médisant. 2 fr. 50 c.

VIES (les) DES HOMMES ILLUSTRES DE PLUTARQUE, traduites du grec par Amyot, grand-aumônier de France; avec des Notes et observations, par MM. Brottiers et Vauvilliers, nouvelle édition, revue, corrigée et augmentée par E. Clavier. 25 vol. in-8., ornés de figures et portr. Prix : 110 fr.

DICTIONNAIRE FRANÇAIS-ANGLAIS ET ANGLAIS-FRANÇAIS, par Boyer. 2 vol. in-8. 20 fr.

GALERIE DES PERSONNAGES ILLUSTRES, de 1686 à 1792, contenant l'histoire abrégée de soixante-treize hommes célèbres, depuis le grand Condé jusqu'à Gustave III, roi de Suède, 2 vol. in-8. 10 fr.

GALERIE MILITAIRE, ou Notice historique des généraux en chef et de division, amiraux, depuis le commencement de la révolution jusqu'à l'an 13, 7 gros vol. in-12, ornés de portraits, dédié à la Légion-d'Honneur. 24 fr.

HISTOIRE de la Décadence et de la Chute de l'Empire Romain, par Gibbon. Paris, 1818. 13 vol. in-8. 130 fr.

HISTOIRE DES EMPEREURS, par Crevier. 6 vol. in-4. 96 fr.

JOHN BULL, *ou* Voyage à l'île des Chimères, par F. J. A. Léger. 3 vol. in-12, jolies figures, dessinées par Chasselat. 7 fr. 50 c.

Cet ouvrage n'a pu être annoncé dans le Journal de la Librairie. (*Index.*)

OEUVRES CHOISIES DU COMTE DE TRESSAN. 12 vol. in-8., avec beaucoup de figures. 40 fr.

OEUVRES COMPLÈTES DE LESAGE ET PREVOST. 55 vol. in-8., avec figures. 300 fr.

OEUVRES DE D'ARNAULT. 11 volumes in-12, fig. 18 fr.

TORRENT (le) DES PASSIONS, par l'auteur de la princesse de Nevers, avec jolis figures, 1818. 6 fr.

EUGÈNE ET GUILLAUME, par Picard, membre de l'institut, 4 gros volumes in-12. 12 fr.

www.ingramcontent.com/pod-product-compliance
Ingram Content Group UK Ltd.
Pitfield, Milton Keynes, MK11 3LW, UK
UKHW020947180726
13838UKWH00003B/1182

9 782329 314112